ÁMALA LOCAMENTE

Jordi Soler (La Portuguesa, Veracruz, en México) es autor de catorce novelas, traducidas a varias lenguas, y cuatro libros de ensayo. Escribe en el diario mexicano *Milenio* y en el español *El País*. Vive en Barcelona y es Caballero de la irlandesa Orden del Finnegans.

JORDI SOLER

ÁMALA LOCAMENTE

13 canciones
abiertas en canal

EN DEBATE

Papel certificado por el Forest Stewardship Council®

MIXTO
Papel | Apoyando la
silvicultura responsable
FSC® C117695
www.fsc.org

Penguin
Random House
Grupo Editorial

Primera edición: marzo de 2026

© 2026, Jordi Enrigue Soler
Autor representado por Silvia Bastos, S. L. Agencia Literaria
© 2026, Penguin Random House Grupo Editorial, S. A. U.
Travessera de Gràcia, 47-49. 08021 Barcelona
Diseño de la colección: PRHGE/Nora Grosse

Printed in Spain – Impreso en España

ISBN: 978-84-10433-12-0
Depósito legal: B-1.101-2026

Compuesto en La Nueva Edimac, S. L.

Impreso en Huertas Industrias Gráficas, S. A.
Fuenlabrada (Madrid)

C 4 3 3 1 2 0

The purpose of music is to sober and quiet the mind, thus making it susceptible to divine influences.

JOHN CAGE

I know, it's only rock'n' roll, but I like it...

THE ROLLING STONES

Índice

A modo de explicación

En el santuario de Delfos, en Grecia, había un oráculo al que la gente acudía para consultar cosas de todo tipo: los signos del destino, el rumbo de alguna trifulca familiar, un amor atravesado o el fondo de una intriga política. En este oráculo, por poner un ejemplo muy conocido, el dios Apolo, que era quien hacía los vaticinios que transmitía la pitonisa, le dijo a Edipo que mataría a su padre y que terminaría casándose con su propia madre.

Cuando dictaminaba desde el oráculo, Apolo lo hacía siempre con sentencias brumosas, poco claras, ese era su estilo: la poca luz para que quien lo consultaba tuviera que hacer el esfuerzo de reflexionar sobre el presagio, interpretarlo y llegar a una conclusión.

La bruma de las sentencias de Apolo era tan famosa que en la mitología griega se le conoce también como Loxias, que quiere decir: «el ambiguo».

Nuestra vida cotidiana está llena de procesos oraculares: cuando nos da por interpretar el número de una puerta, o cuando leemos en un libro una línea que consuena con una tribulación que nos aqueja, o la desasosegante llamada telefónica de esa persona en la que estábamos pensando. Estas situaciones nos llevan, a veces, a hacer una interpretación y un vaticinio, nos quedamos rumiando el incidente como si nos lo hubiera dictado el oráculo.

Cuenta Guillermo Sheridan que Octavio Paz era «propenso al pensamiento mágico, creía en sincronicidades, casualidades y toda suerte de *mancias*, atento a las muchas señales insinuantes de que algo nos gobierna»; y enseguida nos revela un episodio en el que el poeta interpreta una cifra: «Presencié el desasosiego que le causó un número ominoso: el 383 de la Casa Alvarado, en la calle Francisco Sosa, en el que leyó que su muerte ocurriría el mes tercero de su año 83: falló por un mes».

También están, claro, los descreídos, que pasan de largo ante la narrativa oculta de la vida. Esta narrativa, brumosa como los oráculos de Loxias, palpita en algunas canciones que hemos oído muchas veces, demasiadas quizá, sin reparar en la perla que esconden y que, con frecuencia, escapa a la voluntad del letrista que acaba, como todos los escritores, diciendo cosas que no necesariamente había querido decir. Y aquí ya estamos en la lectura errónea, en el ilustre *misreading* de Harold Bloom; en la manera personalísima en que cada lector lee una obra, de la misma forma en que cada individuo interpreta un signo.

En ese margen me he situado para abrir en canal y proponer la exégesis de estas trece piezas de música; todas llevan una perla, contienen ideas, conceptos, imágenes útiles que, con suerte, podrían afinarnos la mirada. El ejercicio se parece al de quien abre un libro al azar y lee una línea que le aclara el panorama. Aldous Huxley cuenta en *Las puertas de la percepción* de la vez que abrió al azar *El libro tibetano de los muertos* y se encontró con la siguiente perla: «¡Oh, tú, de alta cuna, no permitas que tu mente se perturbe!».

Todas las canciones, con la excepción de la de Soda Stereo, donde he tenido el descaro de inmiscuirme, pertenecen a una época en la que las mujeres eran una escandalosa minoría en el mundo del rock y, las que había, tenían que masculinizarse para sobrevivir en aquel universo de testosterona, como es el caso de

Janis Joplin, la bruja cósmica, que en estas páginas aparece con su canción «Mercedes Benz», una crítica al consumismo aspiracional que es, en realidad, una plegaria. Janis es la única mujer de esta colección pero el resto, que son hombres, tienen, en su enorme mayoría, a una mujer como protagonista de sus canciones. Por eso aquello de «Ámala locamente» («Love Her Madly», de los Doors), el título que algún inspirado de la época tradujo con sonora y envidiable brillantez.

«Si dejamos los prejuicios de lado, el juego de bolos tiene el mismo valor que las artes y las ciencias de la música y la poesía», escribió el filósofo Jeremy Bentham para invitarnos a buscar la perla en cualquier sitio, por improbable que parezca.

Cualquier verso, por frívolo que sea, puede dejarnos algún beneficio, pero para ello es imprescindible escuchar con mucha atención y reflexionar sin prisa sobre lo que esos versos, además de lo que dicen, quieren decirnos. Hay que rebelarse contra la velocidad que nos impone nuestro tiempo, pensar despacio para poder dispersar la bruma, sentarnos pacientemente a escuchar la canción, así como se sentaban nuestros ancestros alrededor del fuego.

«SYMPATHY FOR THE DEVIL»
The Rolling Stones
Beggars Banquet
1968

Antes del despiece de «Sympathy for the Devil», de su carga demoniaca y de su vírico «¡Ooh-hoo!», voy a hacer un apunte económico sobre los Rolling Stones. Mick Jagger ha superado los ochenta años y sigue grabando discos con su banda y, lo que es más impresionante, haciendo conciertos multitudinarios en los que se desmelena como cuando tenía veinte. Una de las razones de esta longevidad, pionera en su disciplina, es que estudió economía en la London School of Economics (LSE).

Jagger es el salvaje que ha sabido asimilarse, entendió desde el principio que la estrella de rock es un producto del mercado y que las operaciones mercantiles marcan el paso a nuestra especie desde el principio de los tiempos.

Chris Martin, el cantante de la banda Coldplay, otro universitario que llegará también a los ochenta años haciendo conciertos, no ha tenido que asimilarse como Mick Jagger, porque en el siglo XXI a la estrella ya no se le exige que sea ni suicida ni patibulario, y se ve con normalidad que beba agua con gas e infusiones de poleo menta y que se ejercite en la plancha de pilates y no en la piltra cochambrosa de un burdel. Martin estudió Griego y Latín en el University College London (UCL), y eso le sirvió, como a Jagger, para entender la clave que le permite navegar entre las leyes del mercado. Todo esto dicho, por supuesto, sin el ánimo de comparar a Coldplay con los Rolling Stones, más allá del espectro mercantil.

Por otra parte tenemos a Kurt Cobain, el salvaje que no pudo, o no quiso, asimilarse. Quizá sea Cobain el último salvaje del rock; desde su garaje cantó para esa generación que súbitamente se dio cuenta de que el horizonte acababa ahí, y él mismo se vio como otra de las metamorfosis del mercado, justamente cuando la estrella roja del Che Guevara pasaba a ser el decorado de la *shopping bag* de la tienda Macy's.

A partir del suicidio de Cobain la etiqueta del rock quedó establecida: puedes comerte a mordidas una gallina viva en el escenario, pero después te limpias la sangre y te lavas los dientes.

Chris Martin aprendió en UCL uno de los fundamentos de la filosofía griega: *ne quid nimis*, «nada en demasía», la fórmula que lo mantendrá hasta los ochenta años en el escenario. Jagger aprendió en LSE las leyes del mercado, entiende de pérdidas y ganancias y se sabe al dedillo ese principio económico que dice: después del placer viene, inevitablemente, una cuota de displacer.

Ahora doy un salto hasta una historia, con piscina, que nos permite vislumbrar el sistema de trabajo de la corporación. Keith Richards cuenta en *Life*, su escabrosa autobiografía, el momento en que fue concebida, y puesta por escrito, la canción «Satisfaction»: «Mick escribió la letra junto a la alberca en Clearwater, Florida».

El dato dice poco, aunque ofrece una morbosa visión del cantante escribiendo bajo el sol de Florida, con una Budweiser en la mano, esa obra que parecía parida en un húmedo sotanillo londinense, por un Jagger de pantalones largos y suéter de cuello Mao, y no por un Mick blancuzco y en bañador. Estos detalles se conocen porque hay una fotografía que registra el momento, en la que se ve al cantante sentado en una tumbona de plástico, en una especie de motel de carretera, concentrado en lo que debe ser la hoja en la que escribe la canción, con, efectivamente, una lata de cerveza en la mano y un camarero detrás que espera a que él, o alguno de sus colegas, le pida más bastimentos.

Esta fotografía pertenece a una serie que alguien hizo durante la estancia de los Stones en Clearwater, en mayo de 1965, cuando el grupo era todavía considerado por la prensa de Estados Unidos como «another mop-haired British singing group» (otra banda de cantantes británicos con peinado de trapeador). Estaban a punto de convertirse en la otra gran banda inglesa, junto a los Beatles; eran los tiempos de Brian Jones, el líder que sería desbancado por Mick Jagger, ese muchacho blancuzco que precisamente en ese motel de carretera, al lado de la alberca, escribía la canción que los convertiría en superestrellas.

Aquella serie de fotografías que alguien hizo durante la estancia de veinticuatro horas en Clearwater estuvo perdida muchos años y apareció, tiempo después, en un mercado de pulgas, supongo que en California y, más tarde, en Los Ángeles, en el escritorio del director de The Ice Plant, una editorial dedicada a los libros de fotografía. Todo esto pasaba hace poco, lejos de 1965 y ya en el siglo XXI.

The Ice Plant publicó un libro con estas fotografías, digamos, seminales, de los Rolling Stones, explicadas por un texto de John Jeremiah Sullivan, uno de los editores de la revista *The Paris Review*. Antes de que pudieran distribuir el libro, los editores recibieron amenazas y demandas de varios fotógrafos que reclamaban la autoría de esas fotos; el asunto se complicó tanto que un juez paralizó la distribución y el libro fue a parar a una bodega donde, supongo, sigue hasta hoy.

Sullivan, que estudió escrupulosamente las fotografías para escribir su texto, nos cuenta, en *The Paris Review*, que el hotel de Clearwater en el que se hospedaron los Stones, y en el que se escribió «Satisfaction», se llamaba Fort Harrison, y hace un cálculo muy sensato del tiempo en el que Jagger escribió la canción: si llegaron en la tarde del 6 de mayo, tocaron esa misma noche y se fueron el 7 después de comer, la confección de esa pieza maestra tuvo que ser escrita, a golpe de Budweisers, entre las 11 y las 14 horas (puesto que la luz de la foto es claramente matutina) del 7 de mayo de 1965. El concierto de aquella noche fue un evento tumultuoso, sobre todo arriba del escenario, pues tocaron varias bandas, no muy reconocidas, antes de los

Stones; más que un concierto era uno de esos eventos de pueblo en los que el organizador quería aprovechar el tirón de la banda inglesa para promocionar el talento local. Primero tocaron The Roemans (una banda *garage* de Florida), luego The Legends (una agrupación sosa de Milwaukee), después The Catalinas (de Charlotte, Carolina del Norte) y, por último, The Intruders (una banda de soul de Filadelfia). Cuando finalmente salieron los Stones, el público estaba cansado, bebido y muy fumado, y como ya nadie tenía ganas de oír a los ingleses con peinados de trapeador, se montó una bronca monumental que terminó con la suspensión del concierto.

En el escrupuloso estudio que hizo Sullivan de esas fotografías, descubrió la presencia incidental de una mujer con la que los cinco Stones, cada uno en su fotografía, coquetean descaradamente. Se sabe que la tienen enfrente por la cara de tontos que ponen, y porque en una sale la melena (rubia) de ella, en otra un hombro (primoroso) suyo, en otra su pie (divino). Esta mujer, o su pedacería, era la única *groupie* que, según la prensa, convivía con los Stones en la alberca; al resto las mantenía a raya el personal de seguridad. Su nombre, aunque puede tratarse de un *nom de guerre*, es, o era, Ginny French. No se sabe nada más de esa rubia, al parecer inglesa, que estuvo con ellos en esa alberca y que, según la hipótesis que maneja Sullivan, fue la inspiración, el acicate y el motor para que Mick escribiera, en no más de tres horas, «Satisfaction», esa piedra angular del rock.

Ahora vamos a la pieza que nos ocupa, «Sympathy for the Devil», una canción asfixiada por su carga histórica donde el demonio, a quien Mick Jagger presta su voz, narra su hoja curricular con toda la arbitrariedad que permite el género. Nos cuenta el diablo que ha robado «el alma y la fe de muchos hombres» (*stole many a man's soul and faith*), lo cual es una manera de delimitar cómodamente a ese que ha caído en la tentación, no porque haya sido débil, sino porque el diablo le ha robado el alma y, con ella, el albedrío: lo ha convertido en su marioneta y las culpas del títere, ya se sabe, son de la mano que mueve los hilos. Luego, para que quede claro su derecho de antigüedad, nos cuenta de Jesucristo y Pilatos, y de la Rusia de los zares, y ahí aprovecha para presumir que mató al zar y a sus ministros (*killed the zar and his ministers*), pasando por alto que los mataron unos hombres como ellos, y como nosotros, porque los miembros de nuestra especie, como lo demuestra la historia y la realidad de cada día, somos más diabólicos que el mismo diablo, al que inventamos desde el principio de los tiempos para descargar en él un poco de nuestro oscuro satanismo. Y con la misma ligereza nos dice el diablo, más adelante, que los culpables de los asesinatos de los Kennedy fuimos nosotros y él (*it was you and me*).

Que no sea pretencioso el diablo: a los Kennedy los mató un miembro de nuestra especie, es más, no sé cómo se atreve el diablo a presentarse como el más malo de todos, cuando hay narcos y mafiosos que le hacen a sus víctimas la corbata colombiana, esa suerte, que cae dentro del campo de la estética, que consiste en rajarle el cuello al cuerpo que están liquidando y sacarle, por esa rajada, la lengua para que le cuelgue como un corbatín. ¿Cuándo se ha atrevido el diablo a hacer una corbata colombiana?

Pero más allá del engorro histórico y moral que nos endilga «Sympathy for the Devil», hay un mensaje, que deberíamos atender, que canta machaconamente Mick Jagger y que viene después del famoso estribillo que dice «encantado de conocerte, espero que adivines mi nombre» (*please to meet you, hope you guess my name*), y en seguida canta «lo que de verdad te desconcierta es la naturaleza de mi juego» (*what's puzzling you is the nature of my game*). ¿Y cuál es esa naturaleza? El mismo cantante nos regala, dentro de la canción, un espacio para que reflexionemos, que se nos presenta encuadrado por ese contagioso «¡Ooh-hoo!».

Recordemos el pacto que hace el *Doktor Faustus* con el diablo: su alma a cambio de conocimiento, posesiones y placeres ilimitados, un trato que termina aniquilando al doctor que fue incapaz de ver cuál es la naturaleza de ese juego. «Lo que tiene inclinación hacia el diablo terminará yendo al diablo», se advierte en esa historia anónima escrita en 1587. El deslumbrante atractivo de la oferta enmascara un negocio que siempre termina mal para quien se deja deslumbrar; esta es la naturaleza de su juego. Quien juega con el diablo pierde, sobre todo aquellos que han sido incapaces de identificarlo, de adivinar su nombre.

La misma canción nos muestra el protocolo para el caso de que se nos aparezca el diablo: si te encuentras conmigo practica cierta cortesía (*have some courtesy*) y algo de compasión y de sensibilidad (*have some simpathy and some taste*), porque de otra forma te vienes conmigo al infierno, dice el diablo con la voz de Jagger, y nos invita a estar atentos, a no dejarnos engañar ni distraernos, a identificar qué o quién es nuestro diablo, para que podamos defendernos de él; de nosotros mismos, quiero decir.

«RIDERS ON THE STORM»
The Doors
L. A. Woman
1971

Hace medio siglo Jim Morrison y los Doors enviaron un mensaje que sigue palpitando en la canción «Riders on the Storm». Somos esos jinetes porque nacimos en un mundo tormentoso, o más bien fuimos despiadadamente arrojados aquí (*into this world we're thrown*), lo cual no es propiamente nacer, sino caer.

Somos jinetes como Altazor: «el gran poeta, sin caballo que coma alpiste, ni caliente su garganta con claro de luna, sino con mi pequeño paracaídas como un quitasol sobre los planetas». «Altazor», de Vicente Huidobro, es uno de los grandes poemas de nuestra lengua, y habla de la caída: «Vamos cayendo, cayendo de nuestro cenit a nuestro nadir, y dejamos el aire manchado de sangre para que se envenenen los que vengan mañana a respirarlo».

La caída que nos presenta Huidobro se detiene y cambia de rumbo con una palabra;

esa es la magia de los poetas: la que se dice. «Mago, he ahí tu paracaídas que una palabra tuya puede convertir en un parasubidas maravilloso como el relámpago que quisiera cegar al creador». Esto es lo que de verdad busca el poeta con sus versos: cegar al creador.

Nuestro origen es la caída, canta Jim Morrison desde una altura bíblica, y luego, en vez de montarse en el parasubidas de Huidobro, cae él mismo al sustanciar ese accidente en dos figuras poéticamente paupérrimas: la caída nos ha dejado descolocados como a un perro sin su hueso (*like a dog without a bone*), y como un actor sin escenario (*an actor out on lone*), dos imágenes que juntas forman no un asidero para la reflexión sino una extravagante pedorrera.

Pero esta indigencia poética levanta el vuelo en el siguiente verso: hay un asesino en el camino (*there's a killer on the road*), para inmediatamente después volver a caer cuando determina que el cerebro de ese *killer* (¿cómo lo sabe?) se retuerce ¡como un sapo! (*squirmin' like a toad*).

Esto, francamente, por más que ensanchemos el campo semántico y la semántica del espíritu, no hay por donde agarrarlo, la imagen ofende, sobre todo a los neurólogos, pero, para librar al sapo de tan atroz metaforón, para devolverle su ronca dignidad, cito a Juan José Arreola: «El salto (del sapo) tiene algo de latido, viéndolo bien, el sapo es todo corazón». Con esta fórmula de Arreola el cardiólogo reconforta al neurólogo.

No nos distraigamos de la imagen principal, porque somos efectivamente ese jinete bajo la tormenta, pues vamos por la vida sin ver muy bien el camino porque la borrasca emborrona permanentemente el horizonte, la cueva y la casa; la *domus* no es más que una ilusión porque en realidad, nos dice Morrison, vivimos siempre a la intemperie y estamos permanentemente amenazados por ese *killer* que nos espera más adelante en el camino y que, si se nos ocurre interactuar con él, subirlo a nuestro caballo o a nuestro automóvil, por ejemplo (*if you give this man a ride, sweet family will die*), su onda asesina puede alcanzar a toda la familia.

Los jinetes nos hacen pensar en una escena de wéstern y el *killer* tiene pinta de ser uno de esos asaltantes de caminos que infestaban el viejo Oeste, se escondían detrás del chaparral o arriba de un peñasco y encañonaban a sus víctimas para desvalijarlas. Claro que este *killer* puede desdoblarse y convertirse en la metáfora de cualquier circunstancia amenazante que nos espere más adelante, y de la que convendría protegerse.

Somos esos jinetes, nos dice Jim Morrison, estamos jodidos y la Tierra no es la Pachamama sino el salvaje *far west*, y algo de razón tendrá.

No podemos pasar por alto que el grupo The Doors se llama así por el libro *Las puertas de la percepción*, de Aldous Huxley, unas puertas que el cantante traspasaba con frecuencia (*break on through to the other side*), y quizá desde ahí, desde el otro lado, era que veía al *killer*, al asaltante de caminos, o al lobo, que es otra posibilidad que nos lleva directamente a Mateo (7, 15), que nos ofrece, en su evangelio, una famosa imagen que reviste la peligrosidad de los lobos: «Cuídense de los falsos profetas, se presentan con piel de cordero pero por dentro son lobos feroces».

Esto, por otra parte, abre la opción de que el *killer* que nos espera a la vuelta del camino se disfrace como hace el diablo, que aparece como un elegante caballero que termina colándose en la casa y poniendo en peligro a la familia pues es capaz, como advierte Shakespeare en *El mercader de Venecia*, de manipular hasta las sagradas escrituras: «The devil can cite Scripture for his purpose».

Y así tenemos que el *killer* que sacude a esta canción oscila entre el asaltante, el lobo y el diablo, tres abstracciones de eso que es el peligro que nos espera a la vuelta del camino.

La figura del diablo me sugiere el método que utilizaba Johann Sebastian Bach para espantarlo. Cuando tenía quince años hizo una competente caminata, de trescientos kilómetros, con Georg Erdmann, un compañero con el que estudiaba música. Caminaron de Eisenach a Luneburgo por los bosques de Turingia, que hoy están situados en la parte central de Alemania. La caminata, además de su extremada longitud, atravesaba un territorio que, desde los tiempos de Martín Lutero, estaba sembrado de fantasmas, de apariciones, de espantos que ponía ahí el diablo, cuando no era él mismo quien se aparecía. Este terror psicológico puede parecer hoy una tontería, pero en el año 1700 el diablo en Turingia, en plena Sajonia, era una criatura real a la que se espantaba, según recomendaba el mismo Lutero, cantando a todo pulmón. Así que Johann Sebastian y Georg lograron cruzar, a fuerza de canciones, la zona de peligro.

Yo también canto estentóreamente cuando camino con Camarón, nuestro perro, por los bosques del Empordà, pero no por miedo al diablo ni a los lobos, sino a los cazadores que, sin mi canto, podrían confundirme con una pieza de caza.

A Jim Morrison su canción le servía para espantarse al *killer*, así como a Bach le servía la suya para espantar al diablo, por esto es que muchas veces a lo largo de la vida una canción es capaz de rescatarnos de un momento fosco, basta que empiece a sonar para animarnos, y este ánimo quizá se deba a que la música ha aniquilado a los fantasmas, a los lobos y a los diablos.

Una vez establecido el oscuro panorama en la canción de los Doors, una perspectiva que invita a no salir de casa y, mucho menos, a montar a caballo bajo la tormenta, Jim Morrison propone un antídoto para el *killer* que oscurece su canción, propone la luz al decir que lo único que puede salvarnos es esa mujer que nos toma de la mano (*take him by the hand*), y nos hace entender (*make him understand*) que mientras estemos con ella nada malo va a pasarnos (*our life will never end*). Gracias a ella, y a su mano, no habrá *killer* enturbiando el horizonte.

Deberíamos detenernos ante ese gesto magnífico, aunque sea de lo más común, de la pareja que se toma de la mano; que enfrenta la cotidianidad y sus peligros asida de la mano del otro. Por esa mano van conectados los dos cuerpos, se convierten en la unidad que aniquiló Zeus al principio de todo, se rebelan ante el dios, constituyen su propio reino que será indestructible mientras sigan tomados de la mano, sosteniéndose uno al otro, percibiendo por la mano la temperatura de ella y la sílaba rítmica de su corazón.

Los que se toman de la mano producen un traslape de los sistemas sanguíneos, un ritmo único, una música común, un solo latido. Esta es la clave que nos regala Jim Morrison en su canción: si quieres estar a salvo de ese *killer* que te espera a la vuelta del camino, coge de la mano a la persona que amas.

«I'M GONNA CRAWL»
Led Zeppelin
In Through the Outdoor
1979

«I'm gonna crawl», por ti soy capaz de gatear, dice esta canción de Led Zeppelin, aunque quizá, para preservar el patetismo, pues gatear es cosa de niños muy pequeños, tendríamos que decir: por ti soy capaz de arrastrarme.

¿Por qué se arrastra el sujeto de esta canción? Porque ella lo vuelve loco (*she drives me crazy*) y no le importa ser su pelele (*I got to be her fool*); estas son las razones, no muy sensatas, que da.

Estamos ante un hombre patológicamente enamorado que, a mitad de la canción, sube la apuesta, se expone de una manera tóxica ante la mujer que le gusta y le dice que por ella es capaz de romper la Regla de Oro (*I can break the Golden Rule*), y acto seguido ¡se arrodilla! (*I get down on my knees*). Esa es la Regla de Oro que acaba de romper este amante insensato.

Pensando en esta regla recordé un diálogo que aparece al principio de *Antonio y Cleopatra* de Shakespeare (Acto primero, Escena primera). Cleopatra pregunta cuánto la quiere (*if it be love indeed, tell me how much*), y Antonio le responde: «Es mendigar el amor que puede contabilizarse» (*there's beggary in the love that can be reckon'd*). Cleopatra insiste: «Quiero saber el límite del amor que puedo inspirar» (*I'll set a bourn how far to be belov'd*). «Entonces necesitas descubrir un nuevo cielo y una nueva tierra» (*then must thou needs find out new heaven, new earth*), contesta elegantemente Antonio, respetando la Regla de Oro del amor, que también es la Ley Amorosa de la Termodinámica que dice, *grosso modo*, que el buen amante modula la temperatura, sabe gestionar el calor y también sabe que en una relación hay preguntas y gestos que no pueden hacerse sin degradar la relación.

No hay que perder de vista que esta situación que plantea Led Zeppelin pertenece a una era cultural en la que las relaciones amorosas tienen un aura casi mágica, pero esto no ha sido siempre así. El amor, en otro tiempo, no era un sentimiento positivo, ni el del enamorado era un estado deseable, es más: en la Edad Media el amor era visto como una desgracia, como el fuego que aniquilaba al amante; otra versión de la Ley Amorosa de la Termodinámica.

Esto parece raro en nuestro siglo XXI, tan dado a la difusión electrónica de la cursilería romántica y a la entronización del que se regocija, o sufre intensamente, con el amor.

All you need is love, decían los Beatles el siglo pasado, con la misma convicción que santa Teresa aseguraba: sólo Dios basta. El hombre que se arrodilla en la canción de Led Zeppelin es hijo de esa fe.

En *Le Roman de la Rose*, un famoso best-seller del siglo XII que hoy todavía circula, Guillaume de Lorris y Jean de Meun destriparon el fenómeno amoroso en una narración alegórica en la que la rosa es el deseo y el amor erótico, y los otros personajes tienen nombres como Naturaleza, Juventud, Razón, Deleite, etc.

Sobre el acto sexual dice este libro: «Naturaleza puso placer en tal acto, pues desea que sus obreros encuentren deleite en esa tarea y no la rechacen ni la aborrezcan. Muchos hombres no jugarían, en efecto, a ese juego, si no los atrajese la voluptuosidad».

Los obreros de la naturaleza somos nosotros: un ardoroso proletariado libidinal, engatusado para que repueble el planeta. «Así atrapa y arrastra Deleite al cuerpo [...] por medio de Juventud, su sirvienta». El Amor, sigue el libro, es una obsesión, «por eso deseas poseer la rosa y no sueñas con ningún otro galardón».

En estas páginas el Amor pasa rápidamente de obsesión a fuerza tóxica: «Acogiste en ti a un huésped que es fuente de aflicciones, el día que diste hospitalidad a Amor». Esto lo dice Razón, y añade: «Te aconsejo que lo expulses, pues trastorna todos los pensamientos que te pudieran resultar provechosos: no permitas que se quede más contigo». Y enseguida remata: «Me atrevo a decir que en la trampa de Amor muchos pierden razón, tiempo, bienes, fama, cuerpo y alma». Quien lanza estas sentencias es la Razón, ni más ni menos. También ofrece el libro esta desalmada definición del amor: «Es una enfermedad del pensamiento que nace entre dos personas, libres ambas y de distinto sexo».

Regreso al personaje de la canción, que acaba de inmolarse ante la mujer que ama, con esa «enfermedad del pensamiento» que señala *Le Roman de la Rose*; se arrastra y se arrodilla, disminuye dramáticamente su tamaño ante esa mujer que lo contempla erguida y que piensa, me parece, ¿a quién le interesa conquistar lo que ya está conquistado?

Yo diría que el romance de «I'm gonna crawl» no duró más allá de lo que dura la canción. Ella le habrá dicho: ahí te quedas, no mendigues, no te arrodilles, no te arrastres, has roto la Regla de Oro, ¡baboso!

«WISH YOU WERE HERE»
Pink Floyd
Wish You Were Here
1975

Dentro de la canción «Wish You Were Here» hay un mensaje codificado para el navegante del siglo XXI que, en lugar de cruzar valerosamente el océano, como se hacía en la era en la que la navegación precisaba del desplazamiento físico, chapotea, cómodamente y sin moverse de su silla, en la ciénaga de la red.

A pesar de haber sido escuchada hasta el hartazgo, esta canción merece una modesta exégesis, un despiece como el que practicaría un curtido entomólogo al cuerpo exánime de una hormiga faraona (*Monomorium pharaonis*).

Antes de pasar a los versos de Pink Floyd, esa agrupación que lleva más de medio siglo oscilando entre la banda de rock y la entidad sagrada, voy a lidiar con ese cerdo que una vez soltaron estos músicos en el cielo de Londres, unos años después de que se metieran en las cuevas de Ibiza y Formentera para experimentar con los ecos minerales que producían las cúpulas de piedra y que todavía retumban en el álbum *More* (1969). Debe ser impagable el recuerdo de quien pasó en aquel momento por alguna de esas cuevas y, llamado por los guitarrazos, los golpes de bombo y los alaridos de macaco con los que experimentaba el cantante, se asomó y vio a cuatro *peluts* enloquecidos, y años después, en el libro sobre Ibiza de Antonio Escohotado, se enteró de que los *peluts* eran los músicos de Pink Floyd.

Sobre estos sonidos que arrastran un eco mineral, lo cual quiere decir que cada nota lleva una partícula de la Madre Tierra, hay un apunte en la novela *El siglo de las luces*, de Alejo Carpentier: «Allá descubría las islas roncadoras, con la voz baja y profunda de sus socavones llenos de un eterno rodar de gravas».

Hay un refrán en inglés que se aplica cuando algo tiene pocas posibilidades de suceder: *when pigs fly*: eso sucederá cuando los cerdos vuelen. Curiosamente, uno de los cerdos más famosos de la iconografía del siglo XX es uno que vuela, ese que aparece en el álbum *Animals* (1977) de Pink Floyd. Aquel célebre ejemplar era un cerdo hinchable, del tamaño de un autocar, que encargó la banda a la empresa Goodyear-Zeppelin. El concepto general de la imagen era el enorme cerdo flotando encima de la estación eléctrica de Battersea, como lo hemos visto toda la vida en la carátula del disco. ¿Por qué un cerdo? Porque este noble animal era la metáfora, difícilmente original, del opresor capitalista que sobrevuela su propiedad fuera del alcance de la clase trabajadora. Como en aquellos años no existía el Photoshop, el cerdo tenía que volar de verdad y, para que no escapara, lo amarraron a la tierra con unas cuerdas y unas estacas. Pero resulta que al final de la sesión, nadie supo muy bien cómo, ese cerdo monumental soltó amarras y se fue cielo arriba, a sobrevolar plácidamente la ciudad. ¿No es privilegio del opresor salir volando cuando le dé la gana? Roger Waters había contratado un francotirador para que derribara al cerdo en caso de que escapara, pero el fusilero estaba distraído, o se le atascó el arma, mientras el cerdo seguía su plácido rumbo, practicando ese vuelo algodonoso que permite el helio. El cerdo se perdió de vista, pero reapareció media hora más tarde cuando un piloto, que se aproximaba al aeropuerto de Heathrow, lo vio volando a unos metros de su DC-9. No sólo él lo vio, también los pasajeros, que juraron nunca más volver a pronunciar el absurdo refrán. El cerdo voló y voló hasta que perdió el helio y cayó desnaturalizado, arrugado como un edredón, en un campo de trigo.

Vamos al desmembramiento entomológico de «Wish You Were Here». Luego de que el cantante ha declarado su duda de poder distinguir el paraíso del infierno (*you think you can tell Heaven from Hell*), sigue adelante asociando contrarios, de manera un poco arbitraria pero muy sonora: ¿el cielo azul del dolor? (*blue skies from pain*), ¿crees que un frío riel de acero puede distinguirse de un prado verde? (*can you tell a green field from a cold steel rail?*), ¿o la sonrisa de un velo? (*a smile from a veil*). Todo este juego no es más que el calentamiento, o quizá el mareo, que nos prepara para ese mensaje a los navegantes del siglo XXI del que hablaba al principio, aunque, en realidad, cualquier cosa que diga esta canción queda sublimada, o sepultada, por ese monumental solo de guitarra que toca David Gilmour y que nos deja la impresión de que la letra, y la historia que se barrunta en ella, no es más que el dispositivo para contener esa obra magistral de la guitarra eléctrica. También es verdad que los siguientes ocho versos marcan un camino, hacia dentro, que nos lleva a la reflexión sobre nuestra persona y sobre la forma en la que nos relacionamos con los demás y el sitio que ocupamos en nuestro particular entramado social y sentimental. Para empezar, en esta zona, que sería el ecuador de la canción, se nos invita a preguntarnos cuáles de nuestros héroes se han convertido en fantasmas, a causa de qué y por culpa de quién (*did they get you to trade your heroes for ghosts?*). ¿Quiénes son esos que han provocado la conversión?, y si nos empeñamos en conservarlo, y nos resistimos al canje, ¿nos pueden cambiar un héroe por un fantasma? El fantasma es un héroe que se ha desvanecido y nuestra tarea es preguntarnos por qué. Quizá el héroe se ha quedado pequeño porque ya no responde a nuestras necesidades, digamos, psicológicas, y en este punto es donde conviene preguntarse no qué veía yo para que fuera mi héroe, sino qué he dejado de ver ahora para que no lo sea. De otra forma estaremos ignorando una verdad crucial que propone esta canción: somos la suma de nuestros héroes y de nuestros fantasmas y, si no hacemos detalladamente esta cuenta, corremos el riesgo de confundir a unos con otros.

Luego sigue la canción bordando sobre ese tránsito del héroe al fantasma que nos deja un poco desvalidos, sin faro y sin estrella polar, o siguiendo la luz de un fantasma que confundimos con una estrella, lo cual es todavía peor.

Esta dicotomía entre el héroe y el fantasma se desdobla a estas alturas de la pieza, al establecer que nos han hecho cambiar «árboles por cenizas ardientes» (*hot ashes for trees*) y «el aire tórrido por la brisa fresca» (*hot air for a cool breeze*), antes de soltarnos el navajazo que esconde la siguiente pregunta: ¿has cambiado tu papel secundario en la guerra por un papel protagónico en la jaula? (*a walk-on part in the war, for a lead role in the cage?*). Esta pregunta está llena de sentido para el ciudadano del siglo XXI, que prefiere la seguridad antes que otra cosa, aunque esto suponga vivir en una jaula, con wifi, aire acondicionado y parqué. A partir de aquí, una vez que hemos recibido el navajazo, la canción nos enfrenta con nuestra limitada realidad de pobres almas extraviadas (*two lost souls*), sin más horizonte que dar vueltas cansinamente dentro de una pecera (*swimming in a fish bowl*), un año tras otro (*year after year*). Somos incapaces de abandonar el círculo que nos ha tocado, de todo el universo que tenemos a nuestra disposición elegimos la misma parcela mínima por la que nos hemos movido toda la vida (*running over the same old ground*), atenazados por los mismos miedos de siempre (*the same old fears*), los miedos propios del animalillo cobarde que somos.

El título de la canción, «Whish You Were Here», desearía que estuvieras aquí, no apela al otro sino a nuestro otro yo, ese que no se ha dejado engatusar por héroes que se afantasman, ese que es capaz de desplazarse por el universo entero en lugar de hacerlo alrededor de su parcela mínima, ese que prefiere el vasto mundo, con todo y sus riesgos y sus peligros, antes que ser el protagonista de la jaula. Que nadie te engatuse con un héroe que en realidad es un fantasma, ni que el fantasma te emborrone al héroe; busca también fuera del redil, sal de tu jaula y de tu wifi, cruza valerosamente el océano: navega.

«MERCEDES BENZ»
Janis Joplin
Pearl
1971

Janis Joplin, que normalmente no escribía las canciones que cantaba, escribió una de «gran importancia sociopolítica», *a song of great social and political import*, dice al principio de la canción «Mercedes Benz», que ya desde el título enseña sus intenciones. Janis Joplin escribió esta canción, en plena era hippy, a partir de un verso del poeta Michael McClure que dice: «Come on, God, and buy me a Mercedes Benz» (venga, Dios, cómprame un Mercedes Benz).

Un Mercedes Benz y un hippy podrían ser, en esa época de idealismo loco y cursilería floral, dos elementos antagónicos que Janis Joplin denunciaba en esta canción para señalar las inconsistencias de aquel movimiento que a nosotros, los habitantes del siglo XXI, nos parecen muy evidentes: los hippies terminaron no sólo conduciendo un Mercedes Benz, también se montaron tranquilamente en el capitalismo salvaje, fundaron empresas millonarias, que explotaban a sus antiguos hermanitos de comuna y que fueron la semilla de Silicon Valley o se integraron cómodamente en los gobiernos de sus países que trataban a palos a los jóvenes rebeldes, como cualquier gobierno, y no con los axiomas del *Peace & Love* que practicaban en su cochambrosa juventud.

Janis Joplin puso entonces el dedo en la llaga y lo hizo con esta poderosa canción *a cappella* que fue, por cierto, la última que grabó antes de morir, en octubre de 1970, lo cual añade hondura a su extraordinaria interpretación. La canción se mofa de las ínfulas de las estrellas de rock, una runfla de millonarios de la que ella era parte y simultáneamente la excepción, porque para navegar en aquel océano de testosterona tenía que ser más ruda que los hombres que tenía alrededor.

La canción comienza, después de la advertencia sociopolítica, con una petición al creador: «Oh, Señor, ¿me comprarías un Mercedes Benz?» (*Oh Lord, won't you buy me a Mercedes Benz?*). Argumenta que todos sus amigos tienen un Porsche (*My friends all drive Porsches*) y que, como ella ha trabajado toda la vida y sus amigos no la ayudan, necesita contrapesar (*I must make amends*) esa situación con la ayuda de Dios.

En la siguiente cuarteta de versos Janis reconsidera, a la baja, su petición, y le pide al Señor que le compre una televisión a color (*Oh Lord, won't you buy me a color TV?*), y también rebaja el estrato social desde el que hablaba en la cuarteta anterior, le dice, a Dios, que la televisión que ganó en *Dialling for Dollars* (un famoso programa de concursos de la época) no llega, por más que la espera, todos los días, hasta las tres (*I wait for delivery each day until three*). Como si la rebaja de estrella de rock a concursante de televisión para ganar un electrodoméstico no fuera suficiente, Janis le pide al Señor, en la siguiente cuarteta, que le financie una noche de juerga en la ciudad, le dice que cuenta con él, que no la decepcione (*I'm counting on you, Lord, please don't let me down*) y, como prueba de su amor divino, le pide que pague la siguiente ronda (*prove that you love me and buy the next round*).

Que al final de la canción Janis aparezca en una barra pidiéndole a Dios la siguiente ronda, *the next round*, me hace pensar que lleva ahí toda la tarde bebiendo, en la barra de un bar, escribiendo esta canción, que sería la perla de su álbum *Pearl*.

Leonard Cohen cuenta que se encontró con Janis Joplin dentro de un ascensor del Hotel Chelsea, en Nueva York. Cohen era entonces un poeta desconocido que merodeaba por ahí con la firme ilusión de encontrar a Brigitte Bardot, mientras que Janis hacía lo mismo tratando de encontrar al escurridizo Kris Kristofferson.

En sus memorias, que más bien son fragmentos dispersos y nebulosos, Cohen describe así el servicio de *room service* de aquel hotel por donde pasaron toda clase de estrellas, desde Mark Twain hasta Andy Warhol o Jimi Hendrix: «La gente comía patatas con ácido. A veces prefería no probar nada porque era seguro que en todos los platos había LSD».

El Chelsea, que ahora es un lujoso hotel-boutique, tenía un buen número de habitaciones que se alquilaban por temporadas largas; a esta modalidad se acogió, por ejemplo, Arthur C. Clarke, y ahí mismo concibió, mientras observaba una humedad en el techo con forma de nave intergaláctica, su obra *2001: Una odisea del espacio*. O el caso del poeta Dylan Thomas, que perpetró ahí mismo dos actos definitivos: luego de beberse dieciocho vasos de bourbon al hilo, murió y, simultáneamente, rompió el récord mundial en esa especialidad.

Esas habitaciones de temporadas largas daban al Hotel Chelsea el aspecto de un edificio de departamentos; en los pasillos había plantas, jaulas con pájaros, olor a huevos fritos, letreros de *home sweet home*, y a veces se le escapaba a alguien la mascota, como le pasaba a Frank Zappa con la suya, que era una boa constrictor que tenía el largo de tres habitaciones, el grosor de un taburete y la fea costumbre de perderse durante días y después salir de improviso entre las piernas, o los brazos, de algún huésped.

Cansados de merodear y frente a frente en aquel ascensor que luego se convertiría en un icono de la cultura pop, Leonard Cohen y Janis Joplin decidieron pasar por alto la frustración que les habían dejado sus respectivas pesquisas y fundirse en un abrazo que fue pasando del ascensor al pasillo y del jolgorio, que incluyó la caída de la jaula de un canario, a la bacanal en una de las habitaciones del hotel, justamente la de Zappa y con la suerte de que la mascota se había escapado y ya saldría días después de un recoveco, a darle un susto de muerte al pobre Bob Dylan.

A la mañana siguiente abandonaron el Chelsea, cada uno por su lado y con sus gafas, oscuras las de Janis y de miope las de Leonard. Varios meses más tarde volvieron a encontrarse, en una calle en Nueva York, una tarde de sol oblicuo que ayudaba a exagerar la sonrisa de Leonard, triste pero reflejo al fin del gusto que le producía ese reencuentro, que no iba a darse porque Janis iba a desactivarlo con esta línea desmoralizante: «¿Estás en la ciudad para leer tu poesía en un taller de señoras ociosas?». Y dicho esto se fue calle abajo, con el sol oblicuo en la espalda que hacía fulgurar su rumboso sombrero de plumas.

Sobre aquella noche de hotel fragorosa, y espoleado por el chasco posterior, Leonard Cohen escribió «Chelsea Hotel No. 2», una hermosa canción donde desmenuza su única aventura con Janis Joplin: «Me acuerdo bien de ti en el Hotel Chelsea, eras famosa, tu corazón era una leyenda. Me dijiste otra vez que preferías a los hombres guapos pero que por mí harías una excepción».

Por esta canción sabemos otra cosa que le dijo Janis Joplin aquella única noche que pasaron juntos; una sentencia contundente que Cohen podría haberse callado: *we are ugly but we have the music* (somos feos, pero tenemos la música).

«WHITE ROOM»
Cream
Wheels of Fire
1968

En la pieza «White Room» hay una interesante perspectiva sobre la estación de tren; un punto, no fijo sino en fuga, al que llegan o del que se van los pasajeros. Un punto que, al estarse fugando permanentemente, se emborrona. Vas a la estación para irte a otro sitio o para recibir a alguien que viene de otro lugar o, como sucede en la pieza de Cream, para ver cómo se va yendo tu amante, que te acaba de abandonar, en un tren con máquina diésel que deja, para certificar el abandono, un grasiento nubarrón suspendido en el andén, como sucedía en el entramado ferroviario inglés, en 1968. No es lo mismo dejar a alguien en una casa, en un café o en una esquina, que dejarlo yéndose en un vagón de tren porque así se obliga al otro a palpar la distancia, a constatar cómo se va abriendo poco a poco el abismo entre los dos, a ver cómo tu amante se va yendo hasta convertirse en un punto en la lejanía.

La saña del que deja al otro subiéndose al tren, que podría equipararse con el que lo hace subiéndose a un barco, tiene un punto de crueldad más refinado, más descarnado que quien se va, por ejemplo, en un avión, que es, en realidad, dejar al otro en el umbral de la puerta de embarque, pues no vemos el momento en el que se sube a esa máquina que nos lo roba, ni puede decirnos el amargo adiós para siempre desde la ventanilla o la barandilla.

Transcribo unos versos de Gerardo Deniz para incendiar la imagen:

> *Hermoso, dejar partir dos trenes,*
> *las manos a la espalda,*
> *esperando un tirón de dedos*
> *—y sentirlo.*

«Dices que en la estación no hay cuerdas que puedan atarte» (*you said no strings could secure you at the station*), nos cuenta el protagonista de «White Room» que ha dicho esa novia que lo ha abandonado, porque en la estación de tren, como ya hemos apuntado, todo se mueve y se está yendo, todo cambia continuamente, todo es fugaz y nada permanece y quizá, visto el fenómeno desde esta circunstancia, la novia se le ha ido dos veces: por su propia voluntad y llevada por el tren, y él lo ha presenciado todo, de acuerdo con lo que nos cuenta esta canción de una forma, más que libérrima, cannábica.

«White Room» es probablemente la obra crucial de la sicodelia; empieza con el tambor tribal, más bien ritual, de Ginger Baker, que sirve de fundamento para la electrizante guitarra con pedal *wah-wah* de Eric Clapton, en un demoniaco tempo de 5/4. La canción, cuya letra escribió el poeta inglés Pete Brown, es una oda alucinógena a la desolación que produce el descalabro sentimental, que a veces tiene el calado de una experiencia lisérgica.

La pieza se convirtió en un hit instantáneo gracias a la magistral ejecución de Clapton, cosa que, me parece, debe de haber sentado bastante mal a Jack Bruce, cantante y bajista, y a Baker, el baterista. Digo que a los otros dos no debe haberles gustado el protagonismo del guitarrista por lo que puede constatarse en el vídeo oficial de la canción, que está colgado en YouTube, en el que Bruce y Baker ocupan el 90 por ciento de las tomas mientras que a Clapton sólo le vemos esporádicamente las mangas anaranjadas de la camisa y, muy rara vez, un pedazo de cara o una fracción de alguna mano. Los celos, el dolo y la venganza de los otros dos parecen muy evidentes y yo, sin el ánimo de hacer sangre ni de resucitar fantasmas, le pregunté a Eric Clapton por ese vídeo, que yo había visto en MTV, porque YouTube todavía no existía, en una entrevista que le hice en 1994, en Nueva York, antes de uno de sus conciertos del *Nothing But The Blues Tour*. Clapton acababa de dejar las drogas y me respondió desde su nuevo estado, desde su alma ya sin bruma: «De 1991 hacia atrás no recuerdo absolutamente nada, ¿tienes otra pregunta?». Su respuesta me dio una pista, esa amnesia de veintitantos años le había ahorrado los celos, el dolo y la venganza de sus compañeros.

Pero estábamos en el amante abandonado por la que se fue en el tren, un hombre con una depresión en blanco y negro, que está echado en un cuarto blanco, al lado de la estación de tren, de ese punto emborronado en el espacio, que él no ve porque la ventana se oculta detrás de unas cortinas negras (*with black curtains near the station*). El White Room está en un país de techos negros, donde las aceras no son de oro y los estorninos se han fatigado (*black-roof country, no gold pavements, tired starlings*). La depresión de este hombre, como digo, es en blanco y negro, pero, en algún momento, como es natural, pues nada tiene sólo dos colores, ni dos realidades tampoco, hay un destello plateado: «los caballos de plata (*silver horses*), en tus ojos negros, hacen menguar los rayos de luna (*run down moonbeams*)». En esos mismos ojos negros, de la novia que se le fue en el tren, había «tigres amarillos agazapados en las junglas» (*yellow tigers crouched in jungles*). Esos tigres a punto de saltarle no los vio venir este hombre a causa de su condición de enamorado que, en su fase más aguda, anula su mirada objetiva porque no ve lo que hay sino lo que quiere ver. A pesar de que nuestro hombre yace deprimido, fundido en el oscuro desamor, conserva un hilillo poético que reviste de cierta épica eso que es un desastre sin paliativos, probablemente por la horma que dejó en él su condición de enamorado, que le permite imaginar que no está lloriqueando en una pocilga de un barrio humoso y deprimido que huele a diésel (*restless diesels*), sino que está esperando «en un lugar donde el sol no brilla nunca» (*where the sun never shines*), un lugar donde «las sombras huyen de sí mismas» (*where the shadows run from themselves*).

Con todo y el hilillo poético que algo atenúa la situación, ya estamos instalados en el fondo del pozo: no te quiere tu novia, no te quiere ni tu sombra, que no se pinta en la pared porque eres un pinche fantasma. El fantasma no puede escapar de su desesperante levedad, que es tanta que no le permite plantarse en el suelo, es una suerte de ausencia presente, está y no está, como quien gime en el fondo de un pozo del que no puede salir.

Parafraseando la línea fantasmática de «Wish You Were Here», de Pink Floyd (*your heroes for ghosts?*), sentenciaríamos con dolo: no vas a cambiar a tus novias por fantasmas (*your girlfriends for ghosts*) porque el fantasma eres tú. Pero al final, con todo y que la canción se pone cada vez más macabra, hay esperanza, o quizá un hilillo de ella, como pasa con su vis poética porque, en cuanto el tren se aleja con la novia a bordo, él experimenta no propiamente un alivio, sino un aleteo que lo sacude y lo hace sentir que sigue vivo, aunque es verdad que afantasmado, es decir, en el fondo del pozo: «cuando te vas, el crepúsculo sonríe, mi desagravio» (*dawn-light smiles on you leaving, my contentment*). Un verso raro, ya lo sé, pero nos indica que este pobre hombre superará su descalabro porque ha aprendido a cuidarse de los caballos de plata que eclipsan a la luna y a desconfiar de los tigres amarillos, cuya belleza es letal cuando se agazapan en los ojos de la amada. «Vendrá la muerte y tendrá tus ojos», dice el famoso verso de Cesare Pavese, y en esos ojos, añadiría yo, se agazaparán los tigres.

«DE MÚSICA LIGERA»
Soda Stereo
Canción animal
1990

Hace casi treinta años estaba con Gustavo
Cerati, el artífice de Soda Stereo, bebiendo
unas cervezas para paliar una cruda abruma-
dora, que desde luego merecíamos. Eran las
diez de la mañana y estábamos dentro de una
cabina de radio haciendo tiempo antes de entrar al aire, al programa que tenía yo entonces. La noche anterior nos habíamos visto en
un bar, y cuando todavía no nos servían ni la
primera copa, Cerati me hizo una reclamación: ¿por qué donde yo digo *niebla* tú dices
mierda? La reclamación original se la había
hecho a él una admiradora suya que oía mi
programa de radio y que estaba segura de
que en un verso de la canción «La ciudad de la
furia» Cerati decía: «sabrás ocultarte bien y
desaparecer / entre la mierda». Luego él mismo había oído la metamorfosis de *niebla* a
mierda en un casete que le mostró un empleado de su compañía disquera. El cambio

de una palabra por otra era una cosa que hacía yo para divertirme, una gamberrada: cada vez que ponía «La ciudad de la furia» esperaba a que llegara el verso y entonces abría el micrófono para decir cantando *entre la mierda* encima de la voz de Cerati, que decía *entre la niebla*, y lo hacía, al parecer, tan bien que nadie se daba cuenta de la suplantación. Luego hablamos de otras cosas y, poco a poco, fuimos haciendo méritos para ganarnos la resaca que arrastrábamos a la mañana siguiente, en esa cabina de radio, mientras esperábamos a que terminara la desmesurada carga comercial para poder entrar al aire.

«¿Y si ahora lo canto yo?», dijo Cerati. «¿Qué?», le pregunté extrañado. Ya había olvidado la reclamación de la noche anterior, o más bien había sido borrada de mi memoria por el tsunami de la fiesta loca que había venido después. «Lo de la mierda», dijo, y entonces, después de los comerciales, pusimos «La ciudad de la furia» y él cantó *entre la mierda* donde él mismo decía *entre la niebla*. Y así desactivó el engaño, ya no era yo haciéndome pasar por Cerati, sino él ensayando otra versión de sí mismo. Por fortuna nadie reparó en que el engaño había sido desactivado; todos seguían pensando que la canción decía *mierda* y no *niebla*, y yo, consciente de la responsabilidad que había adquirido, porque mi chapuza se parecía ya más a la realidad que la misma realidad, seguí durante años abriendo el micrófono para cantar: «sabrás ocultarte bien y desaparecer / entre la mierda / entre la mierda-a».

Cerati era un compositor excepcional y su guitarra eléctrica marcó un canon en el rock en español; hacía unos solos largos y heroicos y, sobre todo, elegantes; sus riffs aerodinámicos eran como un viento austral que llegó a refrescar la escena, que antes de él era más áspera, más testosterónica. En otro momento, después de que hiciera el exorcismo de cambiar con su voz su propia letra, y aprovechando que ya la cerveza nos había aliviado y el pensamiento había recuperado su velocidad de crucero, aproveché el largo intervalo que se abrió entre una canción y la siguiente carga comercial para elogiarle esa pieza suya, de dos cabezas, que articula su canción «De música ligera», ese binomio que dice: *cenizas de rosas*. «De ahí sale un poema», dije yo, que entonces era poeta, y luego, animado por la forma en que me miró, me puse a hacer una interpretación y quizá, ahora que lo pienso, treinta y tantos años más tarde, lo hice para blanquear un poco la gamberrada de la *niebla* y la *mierda*.

Las cenizas y las rosas son la antinomia que marca el recorrido del amor, que es rosa o ceniza muchas veces a lo largo de su historia hasta que llega al final, como ceniza o como rosa.

Dentro de esta dinámica, que va de la materia floreciente al polvo, el cantante nos dice, le dije a Cerati: «De aquel amor nada nos libra, nada nos queda». No queda nada en el plano material de ese amor que ya se ha ido, pero su fantasma resulta imposible de olvidar: aquel amor de música ligera se convirtió en ceniza, pero dejó una cicatriz que sigue ahí como una rosa florecida, lo cual me lleva a desdecirme: el amor no llega al final como ceniza o como rosa, sino como ceniza y como rosa al mismo tiempo.

Y, en una fase previa, la rosa comienza a desdibujarse rumbo al polvo, le estaba diciendo a Cerati cuando recordé la idea de la esfera de cristal del poeta Cesare Pavese. Una esfera de cristal, al vacío, conservaría la rosa en una eterna juventud, a salvo de la decadencia y de la ceniza, que yo equiparaba con el polvo. Esa esfera protegería a la rosa incluso en el caso de que se convirtiera súbitamente en ceniza, y no en polvo, por la acción del fuego. Aquí ya estamos hablando de dos tipos de final, propuse, del amor que se va desgastando poco a poco, en un largo *fade out*, y del que se calcina de un día para el otro, y en los dos casos, dije, nos sirve la esfera de Cesare Pavese, aunque es verdad que el poeta metía en la esfera no la metáfora de los amantes, que sería la rosa, sino a los mismos amantes para conservar el amor en un entorno controlado. El poeta sentencia: «pero no olvidará nunca que la esfera de cristal es un vacío en el que no entra el aire, y se guardará de romperla en la ingenua tentativa de ventilarla». Aquí Pavese nos ha llevado a la situación del que, para conservar algo, lo encierra, una situación parecida a la de las monjas en un convento, que viven encerradas en un edificio, como la rosa en su esfera al vacío, rezando por la salud de la humanidad pero sin rozarse con ella, lo cual resta mérito a su gesta, pues sería más heroica su resistencia, la conservación de su castidad y su pureza, si tuviera lugar a la intemperie, entre la gente y sus tentaciones. Si ventilamos la esfera y la rosa se nos vuelve polvo quiere decir, quizá, que se trataba de un amor artificialmente conservado, sin ninguna clase de fogueo en la jungla de las tentaciones y consecuentemente frágil, incapaz de generar ninguna resistencia y condenado a la desintegración en cuanto se ventile, o se quiebre, la esfera.

«Está claro que aquel amor que protagoniza tu canción —le dije a Cerati— está muy lejos de la esfera de Pavese, puesto que su consistencia es de música ligera. La rosa que logra perdurar es la que está orillada a resistir los temporales». «Sobre la esfera y el estar a salvo de las tentaciones te recuerdo —añadió Cerati— que hay un verso de la canción que dice: "ni pienso evitar un roce secreto"».

Después añadí otro de sus versos: «Y yo desperté queriendo soñarla». Es decir: trayéndola a mi memoria, recurriendo a la voluntad para que la ceniza se reincorpore en esa rosa que fue, y esto es tanto como decir que esa dinámica entre el polvo y la materia floreciente que articula las historias de amor también articula el recuerdo de ese amor del que *nada nos libra*, precisamente porque *nada más queda*, pues lo que ya no está tiene con frecuencia una presencia pertinaz.

«Tendrías que escribir ese poema», dijo Cerati, o quizá dijo «dale», y entonces noté que, gracias a la cerveza, ya habíamos florecido desde la ceniza en que nos había convertido la noche anterior. De esto hace casi treinta años, como digo, y son estas líneas lo que queda de aquella mañana feliz. De aquel poema nada más queda.

«ENJOY THE SILENCE»
Depeche Mode
Violator
1990

Hay dos maneras de no decir algo: el silencio o decir otra cosa. En la canción «Enjoy the Silence», Depeche Mode nos sitúa en la primera opción: disfruta el silencio.

La recomendación de la banda inglesa funciona sólo en ciertas situaciones, pues no siempre la respuesta es el silencio, o no siempre el silencio se interpreta como nosotros querríamos, pues el vacío también tiene su semántica, a veces mucho más abundante que eso que podría haberse dicho. Seguramente porque el silencio no es propiamente el vacío, sobre todo el silencio de una persona, que es el tema de esta canción, porque está producido por un cuerpo que palpita y que está lleno de significados, de mensajes que se dicen sin hablar. Hay una famosa sentencia del filósofo Ludwig Wittgenstein que sugiere ese espectro que hay entre el silencio y la palabra: «Lo que puede ser mostrado no puede ser dicho».

Aquí estamos en el territorio de la palabra, pero, al estar cavilando alrededor de una canción, tenemos un pie en el territorio de la música, y ahí John Cage ya abrió, en 1952, una tercera vía.

El propósito de la música es serenar la cabeza para que puedan entrar las influencias divinas, decía Cage, que era un músico inclasificable, tanto que abrió ese camino que sólo ha transitado él, aunque a su obra se le han colgado toda clase de etiquetas (música experimental, música aleatoria, música concreta), y a pesar de que tiene piezas para piano que son sólo eso: piezas para piano. Lo mejor es ignorar las etiquetas y escuchar su obra «4'33», que está en Spotify, una pieza en la que el pianista se sienta frente a su instrumento y no toca nada durante cuatro minutos y treinta y tres segundos. No toca nada, pero lo que oímos no es propiamente el vacío; se oye, digamos, el silencio. Esta pieza viene, según se entiende en su *Autobiografía*, de la experiencia que tuvo, en 1951, al encerrarse en una cámara anecoica; ahí comprobó la existencia del silencio, es decir, supo que el silencio es algo, y no la ausencia de algo.

Su amigo Oskar Fischinger, pintor y director de cine alemán, le dio una idea luminosa que él aplicó a su música y que nosotros podemos aplicar en cualquier parcela de nuestra vida: todas las cosas del mundo tienen su propio espíritu, que puede ser liberado si lo pones a vibrar. La idea se puede aplicar, por ejemplo, a un proyecto profesional, a una relación amorosa o familiar e incluso a una lavadora de ropa, que también tiene su espíritu y que, si no vibra, no funciona.

Poner a vibrar el espíritu de algo quiere decir intervenir, hacer que eso pase, saber que, si no lo provocas tú, el espíritu no vibra y eso no sucede; es, en suma, una invitación a actuar, un axioma contra la inmovilidad y el pasmo.

Cage sabía que no actuar era dejar el silencio intacto, así que intervino, lo enmarcó en una pieza, lo manipuló, lo sacudió y lo llenó de significado: liberó el espíritu del silencio al ponerlo a vibrar en su obra «4'33».

La canción de Depeche Mode lidia con el silencio de manera distinta; su campo es más reducido porque se ajusta al esquema binario: el silencio y la palabra. El silencio es eso que sobreviene cuando no hablas; esa sería la zona en la que opera esta canción que describe una escena de arrobamiento amoroso: «Todo lo que siempre he querido, todo lo que siempre he necesitado, está aquí en mis brazos» (*all I ever wanted, all I ever needed, is here in my arms*). Se trata, como vemos, de un *clinch*, ese término del boxeo que describe el momento en el que dos boxeadores se abrazan con tal empeño que ninguno se puede mover. En el box es una forma de anular al otro anulándose a uno mismo, pero en la relación amorosa el objetivo es muy distinto: el *clinch* es la fusión de dos cuerpos que se desean y que quieren meterse uno dentro del otro. Conviene dedicar un momento a pensar en el desasosegante vínculo que hay entre el box y el sexo: hay un camino muy oscuro, quizá un túnel, que va de una «x» a la otra.

Mientras la pareja de la canción está deliciosamente atrapada en ese *clinch*, «las palabras son del todo innecesarias» (*words are very unnecessary*), son «triviales» (*trivial*), «carecen de sentido» (*meaningless*) y son perfectamente «olvidables» (*forgettable*).

La canción se ocupa en exclusiva del *clinch*, pero ¿qué pasa después? Pasa que es imprescindible hablar, porque nuestra realidad está estructurada por las palabras. «Una palabra tuya» necesita el amante después del sexo, igual que la necesitaba aquel enfermo bíblico de Cafarnaúm, un bálsamo que aparecerá en otra parte de este libro, porque las palabras confortan y curan y, en el caso de los amantes de Depeche Mode, revisten, alicatan, estructuran la relación. Sin ellas la realidad no quedaría fija, las cosas sin las palabras que las nombran serían un continuo emborronamiento, incluso el *clinch* de estos amantes, una vez experimentado, se reconstruye y se rememora y se almacena con palabras.

«Los límites de mi lenguaje significan los límites de mi mundo», escribió Wittgenstein, y así lo demuestra «Enjoy the Silence», que nos dice, insistentemente, que las palabras carecen de sentido, que son innecesarias y olvidables; pero todo esto nos lo dice con palabras.

«STAIRWAY TO HEAVEN»
Led Zeppelin
Led Zeppelin IV
1971

Durante más de medio siglo el mundo entero ha intentado descifrar, sin éxito, el significado de los versos de la canción «Stairway to Heaven», la obra mayor de Led Zeppelin y, quizá, de la historia del rock. ¿Dispositivo de mitología celta?, ¿alegoría drogota?, ¿metáfora de la mina de carbón?, ¿adaptación febril de algún pasaje de Tolkien?, ¿secuencia pastoril de la Inglaterra profunda?

Dice la leyenda que la primera línea de la canción, «hay una dama que está segura de que todo lo que brilla es oro» (*there's a lady who's sure all that glitters is gold*), fue escrita por la mano de Robert Plant, pero sólo por la mano que, en ese trance, gozaba de total autonomía, dijo el cantante, no se sabe si en un rapto de honestidad, o de misticismo, o para que ya dejaran de preguntarle por los misterios de la canción. El asunto es que la mano autónoma, en manos de los fanáticos de Led Zeppelin, rápidamente se transfiguró en la mano del diablo, y la canción, a pesar de que la figura rectora es una escalera que va al cielo, se convirtió en la obra de Satanás, y Robert Plant pasó de letrista y cantante a médium de los espíritus del mal.

Esta leyenda abrió un pie de página en la historia de la escritura automática con la que el poeta André Breton, y otros miembros del grupo surrealista, escribieron poemas fabulosos; el método de los surrealistas consistía en escribir directamente lo que brotaba del inconsciente sin la censura de la conciencia mientras que en el de Plant, que era también escritura automática, bastaba con dejarse poseer por el demonio y aflojar la mano, lo cual, visto con amplitud, es una metáfora del proceso habitual de escritura, cuando menos en los escritores que creemos todavía en el aura mágica de nuestro oficio.

Hay un dato, más allá de la leyenda, que brinda una orientación general no de lo que trata la canción, sino de su índole: cada vez que iba a cantarla en un concierto, Robert Plant decía: *this is a song of hope*, está canción es sobre la esperanza. Y otro dato duro, quizá demoledor: en septiembre de 2012, en la rueda de prensa de la famosa reintegración, fugaz, de Led Zeppelin (con el hijo de John Bonham, el baterista original que murió en 1980), llamada *Celebration Day*, Plant declaró que escribió «Stairway to Heaven» cuando tenía veintitrés años y que, ante semejante lejanía, ya no recordaba el significado de la letra de la canción: «Quizá sigo tratando de averiguar qué es lo que quería decir», dijo textualmente y sin ningún empacho, sobre esos versos venerados por toda la especie humana, y escuchados y cantados hasta la saciedad.

Pero esto es sólo lo que dice Robert Plant, su versión de la historia, porque también es verdad que el escritor siempre dice algo, aun cuando no sepa exactamente, o incluso ignore, lo que ha escrito. De hecho, el caso de Plant es, entre quienes escuchamos esta canción, una versión extrema de la lectura errónea (*misreading*, decía Harold Bloom) que produce cualquier escritor, cuya obra es leída de manera ligeramente distinta por cada uno de sus lectores.

Antes de comenzar a seguir a esa dama que está segura de que todo lo que brilla es oro, voy a hacer un excurso hacia otras escaleras al cielo. «Para subir al cielo se necesita / una escalera grande y otra chiquita». Estos versos misteriosos salen de «La bamba», el famoso son jarocho. «La bamba» nos presenta una subida al cielo que tiene su complicación, se necesitan dos escaleras de distintos tamaños para conseguirlo. En cambio, Led Zeppelin propone la vía expedita aunque, como veremos más adelante, la *lady* que protagoniza la canción, una vez que llega, deambula y divaga, lo cual sugiere que para subir al cielo no hace falta tanta rapidez y, más bien, como dice «La bamba», se necesita «una poca de gracia y otra cosita», que bien podría ser la paciencia. Kafka sostenía que nuestro gran pecado es la impaciencia. La segunda escalera de «La bamba», la chiquita, es el detalle judeocristiano de la canción: el sacrificio que es imprescindible hacer para entrar al Paraíso.

Pero la ambición de subir al cielo es más vieja que «La bamba», que es del siglo XVII. Es más vieja incluso que Jesucristo. Ra, el dios egipcio del Sol, subió al cielo a lomos de la vaca celestial, lo cual parece más confortable que la larga escalera de Led Zeppelin, y ya ni hablar de las dos que exige «La bamba». Entre la escalera y la vaca celestial está la vía de Quetzalcóatl, que, de acuerdo con una inquietante imagen que rescata Bernardino de Sahagún en su *Historia general de las cosas de la Nueva España*, al llegar «a la ribera de la mar, mandó hacer una balsa hecha de culebras que se llama Coatlapechitli, y en ella entró y asentóse como en una canoa, y así se fue por la mar navegando». Hay que situarse en aquella época en la que el mar era la verdadera escalera, porque en el horizonte el agua se tocaba con el cielo. Desde esta perspectiva, lo que hace, en realidad, la *lady* de Led Zeppelin es navegar hacia el horizonte, en una embarcación milenaria como la del Cazador Gracchus, ese personaje de Kafka que, muy lejos del pecado de la impaciencia, lleva siglos navegando por el mar.

Ahora bien, en los *Anales* de Cuauhtitlán, la escalera que utiliza Quetzalcóatl es más sufrida; no navega en esa fabulosa balsa de culebras donde, sin embargo, había que cuidarse de no pisarle la cabeza a una nauyaca. Después de ataviarse ceremoniosamente con sus mejores galas, se prendió fuego. Era el año I Acatl. En cuanto el cuerpo quedó reducido a cenizas, los que estaban por ahí vieron cómo el corazón de Quetzalcóatl subía al cielo y se incrustaba en el plano astral como Venus, la estrella de la tarde y el lucero del alba.

Habíamos dicho que la *lady* está segura de que todo lo que brilla es oro y de que con una sola palabra puede conseguir lo que quiera (*with a word she can get what she came for*). El aura crística resulta inevitable y la idea que tenemos de esta mujer se dispara en múltiples direcciones: «Una palabra tuya bastará para sanarle» (Mateo, 8, 5-11).

La *lady* ve una inscripción en la pared y desconfía de su significado porque sabe que, a veces, las palabras tienen doble sentido (*sometimes words have two meanings*), o un tercero o cuarto; hay campos semánticos que, más que un valle, son un reino completo. Con esa desconfianza, que es propiamente un saludable escepticismo, la *lady* inaugura la mirada que va a aplicar a lo largo de la canción, la de la duda y la incertidumbre, lo cual contradice con violencia el primer verso, donde está herméticamente segura de que todo lo que brilla es oro.

Sin embargo, en los siguientes versos queda claro que es precisamente esa violenta contradicción la que electrifica lo que el cantante nos cuenta, cuando pone en la escena un árbol, junto a un riachuelo, desde el que un pájaro canta y lanza un mensaje: «a veces nuestros pensamientos son erróneos» (*sometimes all of our thoughts are misgiven*). La *lady* está segura, y al mismo tiempo no lo está, de que todo lo que brilla es oro, y este dudar hace que erradiquemos la idea de que es un espíritu, como podríamos pensar al principio, pues la duda la hace profundamente humana.

Claro que de todo esto nos vamos enterando por el cantante que narra esa historia que lo hace preguntarse todo el tiempo (*it makes me wonder*) y abrirse a la lectura holográfica de la realidad; empieza a *ver*, en el sentido que daba Juan Matus, el maestro de Carlos Castaneda, a la palabra «ver», ver más allá de lo evidente, y en esta frecuencia, que surge de tanto preguntarse, de tanto dudar, el cantante descubre en el oeste una fuerza misteriosa que le arranca las lágrimas, porque es la fuerza de la vida misma (*there's a feeling I get when I look to the West, and my spirit is crying for leaving*). En este viaje mental (*in my thoughts*) ve, a través de los árboles, anillos de humo (*rings of smoke through the trees*). Ve anillos de humo, no simple humo, y esto me hace pensar en un habitante del bosque, en un indio lakota, puesto que el cantante mira hacia el oeste y está cantando desde la isla de Gran Bretaña.

Mira, o, mejor, ve, hacia los márgenes boscosos del río Misuri, donde este indio, manipulando hábilmente una manta, reconduce el humo que produce su fogata para mandar señales, direcciones, instrucciones para salvarse dirigidas a los espíritus sensibles que sean capaces de entenderlas. Aunque, si tomamos Londres como punto de referencia, al oeste también quedan Gales e Irlanda, dos territorios llenos de mitología, pero es la hipótesis del indio lakota la que me parece más convincente, porque era en Estados Unidos donde Led Zeppelin tenía que triunfar para terminar de convertirse en una banda planetaria. Las señales de humo del indio lakota son, como digo, exclusivamente para los espíritus sensibles porque, en el siguiente verso, aparece un grupo de despistados, de miopes quizá sería mejor decir, que son incapaces de ver esas señales y de conmoverse con esa fuerza que viene del oeste. Ese grupo de atolondrados aparece en la canción como *those who stand looking*, esos que ven sin *ver*. Luego, inopinadamente, aparece en escena el *piper*, el flautista o gaitero que con su música embelesa, seduce e incluso embauca y hasta puede atentar contra la vida de los habitantes de una comunidad, como sucede en *El flautista de Hamelin*, de los hermanos Grimm, que es la obvia referencia de este episodio en la canción. En la historia de los Grimm el flautista ofrece acabar con las ratas de Hamelin a cambio de una recompensa; para conseguirlo, toca una pieza que las embruja y hace que lo sigan hasta las aguas del río Weser, donde van cayendo una detrás de otra. Como los habitantes se niegan a darle la recompensa, el flautista toca otra melodía para embrujar a los niños de la ciudad y se los lleva hasta una cueva donde desaparecen para siempre.

Esta historia es imprescindible para redondear lo que Robert Plant nos dice a continuación (*the piper's calling you to join him*): el *piper* te llama para que vayas con él, pero hay que resistirse, porque en un verso anterior ya había advertido: (*if we all call the tune, then the piper will lead us to reason*) el flautista nos guiará hacia la razón si, y sólo si, todos entonamos, como borregos, lo mismo. ¿Y qué clase de razón es esa que tiene una sola persona? Una razón espuria, sin duda, o una razón suficiente para quien se sienta cómodo dentro del rebaño. Quizá por esto luego el cantante ofrece una salida: nos dice que podemos elegir entre dos caminos y que siempre, más adelante, tendremos la opción de cambiar (*there are two paths you can go by, but in the long run, there's still time to change the road you're on*). Siempre tendremos la opción de reconsiderar, de entrar en razón, en la nuestra o en la ajena, que es la del *piper*, esa razón aceptada por el rebaño que inevitablemente produce un zumbido en tu cabeza (*your head is humming*).

Y entonces reaparece la *lady* en la canción, en el último acto antes de que la obra comience a despeñarse por los desfiladeros eléctricos de Jimmy Page, asentados en la gruesa batería de John Bonham, que va cimbrando el camino como un enorme animal prehistórico, más el bajo de John Paul Jones, que es la palpitación vital de Led Zeppelin, el que acompasa y atempera su pulso sanguíneo, y para comprobar esto basta oír la exquisitez con la que transfundió ese pulso en *The Sporting Life*, el disco que hizo con la cantante Diamanda Galás. Decíamos que la *lady* reaparece: no ha podido comprar su escalera al cielo, a pesar de que al principio nos había asegurado que podía conseguirla con una sola palabra, pero ahora ya está en otra circunstancia, la vemos confundida entre la multitud que arrastra el *piper* colina abajo (*and as we wind on down the road*) y que empieza a darse cuenta, como lo hicieron las ratas y los niños en la historia de los hermanos Grimm, de que las sombras son más altas que sus almas (*our shadows taller than our souls*). Al abducirlos el *piper* los ha convertido en enanos espirituales, y mientras tanto el cantante pregunta a la *lady* si puede oír como sopla el viento (*can you hear the wind blow?*), para enseguida hacerle una pregunta que tiene el tamaño de una revelación: ¿no será que donde está tu escalera es en el viento susurrante? (*your stairway lies on the whispering wind*). Entonces la *lady* comprende y resplandece en medio del rebaño que baja corriendo detrás de la melodía del *piper*, de esa multitud que quizá somos nosotros desbarrancándonos por la parte abismal de la canción. La *lady* resplandece (*shines white light*) porque quiere demostrarnos que, efectivamente, es oro lo que brilla (*everything turns to gold*), y el *piper* sigue con su melodía hasta el final y, de pronto, ese rebaño un poco humillante que va bajando la colina se transfigura en el *unum*, en la certeza de que todos somos uno y el uno es todos (*when all are one and one is all*), somos individuos luchando por nuestras particularidades, dentro de una especie que nos uniforma, que inevitablemente nos hace iguales. Con la excepción de la *lady*, claro, que es la madre, la diosa, la fuerza de la vida; todos somos la misma clase de animalillo temeroso e indeciso que sigue al *piper*, y justamente cuando estamos dándonos cuenta de esto, Robert Plant nos clava la puntilla: ser una piedra y no rodar (*to be a rock and not to roll*), es decir: eres incapaz de cambiar, de fluir, de evolucionar, y mientras retozas en tu condición de materia inerte la *lady*, la diosa, está comprando su escalera al cielo (*and she's buying a stairway to Heaven*).

«BABA O'RILEY»
The Who
Who's next
1971

He encontrado en la canción Baba O'Riley, de los Who, una curiosa crítica de la vida en la ciudad, una visión anticipada de esa pulsión rural que sembró la pandemia en gente que era urbana y que comprendió, de golpe, que la cuarentena se lleva mejor en una casa en medio del campo y que el cordón sanitario más eficaz es el que tiene varias hectáreas de extensión.

El principio de esta crítica de los Who es una fabulosa introducción con un Lowrey Berkshire Deluxe TBO-1, ese insigne órgano que, desde las primeras notas, nos pone en guardia: ¿qué me quieren contar estos locos?, ¿a qué viene tanta y tan sabrosa introducción?

Una década más tarde Pete Townshend compuso, ahora en su Yamaha E70, otra larga, memorable y sabrosa introducción para la pieza «Eminence Front», que parece una reverberación de «Baba O'Riley». Un reverbero como el que haría la superficie del agua que se refleja en el casco de una embarcación.

Antes de seguir conviene desbrozar el título de la canción, que debería ser «Teenage Wasteland», como se verá más adelante, y sin embargo se llama «Baba O'Riley», una rareza que viene del nombre de un gurú iraní, Meher Baba, y del compositor Terry Riley, dos personajes por los que Pete Townshend, el guitarrista y compositor de la pieza, sentía, en esos años, gran admiración. En aquella época Townshend era un guitarrista radical e hipereléctrico cuyos riffs le dejaban los dedos, y de paso la guitarra, llenos de sangre. El *grand finale* de sus conciertos era toda la banda destrozando sus instrumentos contra el suelo y las paredes, con la salvedad del bombo y los tambores, que mataban a pisotones o atravesados con el pie del micrófono, o, una sola vez, en el primer show de televisión en el que tocaron en Estados Unidos, Keith Moon, el baterista, metió una carga explosiva en el bombo que detonó al final, con un estrépito que provocó el desmayo de Bette Davis, que era la otra invitada del show, y produjo una fastuosa llamarada que le quemó las greñas a Pete Townshend.

Regresemos a la canción en la que el protagonista deja la ciudad para irse al campo; *out here in the fields*, dice el primer verso. Por lo visto está harto del humo y del cemento, o quizá tiene cierta inclinación ecológica, o a lo mejor ha decidido irse porque en el campo es más barato el alquiler. Es igual, él está herméticamente seguro de lo que hace: no necesito pelear (*I don't need to fight*) para probar que tengo razón (*to prove I'm right*), no necesito el perdón de nadie (*I don't need to be forgiven*).

El grito con el que el cantante Roger Daltrey desafía a quien lo escucha, *out here in the fields!*, es seguramente el mismo que lanzó en su tiempo Bolton Hall, un activista que a finales del siglo XIX inició un movimiento en Nueva York para que la gente que estaba harta de vivir en la ciudad se mudara al campo. Su empeño quedó fijado en uno de sus libros, *Three Acres and Liberty* (1907), donde expone las ventajas de la vida rural, en una casa rodeada de tres acres de terreno, que son 12,140 metros cuadrados, o 1,21 hectáreas. Ese espacio era, según nos cuenta, suficiente para montar una granja, un huerto, un plantío, algo que produjera ganancias. Se trata de un libro que tiene más de cien años, pero la invitación a dejar la vida tumultuosa, estresante e insalubre de las ciudades tiene hoy, quizá, más vigencia. Bolton Hall empezó promoviendo el proyecto de hacer huertos urbanos en Nueva York, en terrenos baldíos que él y sus acólitos limpiaban, y luego invitaban a los vecinos, que acostumbraban a comprar en la verdulería del barrio, a sembrar sus propias hortalizas. Luego abandonaron la ciudad; la autosuficiencia económica que ofrecía el campo incluía, para empezar, la liberación del sistema laboral que había impuesto el mundo industrializado: ser un empleado durante toda la vida sin más horizonte que ganar un sueldo e ir escalando posiciones en la empresa para aumentar ese sueldo y, si acaso, ganar cierto prestigio social. La idea de dejar la ciudad para irse a vivir al campo se ha repetido, en diversos formatos, desde entonces, y a los Who esta inquietud seguramente no les habrá llegado por el libro de Bolton, sino por el éxodo hippy de la época que llenó la campiña de jóvenes que fundaban familias tribales, practicaban el amor libre y la conexión total con la naturaleza hasta que, agobiados de tanta libertad y de tanto oxígeno y de tanto compartir a sus parejas, regresaron al sistema y se enrolaron en las corporaciones capitalistas que tanto detestaban o en alguna oficina del Estado represor contra el que despotricaban en su tierna juventud.

El caso es que el protagonista de la canción, que canta Roger Daltrey y escribió Pete Townshend, después de advertir que no necesita el perdón de nadie, se va con Sally, su pareja, al campo, le pide que no se arrepienta, le dice que van donde está la gente feliz y que hay que irse antes de que la vejez los alcance (*before we get much older*).

Hasta aquí tenemos la historia de un joven idealista que deja la ciudad, en 1971, para buscarse la utopía colectiva en el campo. Nada que objetar hasta que reparamos en el estribillo de la canción, que nos dice que lo que han dejado atrás, la ciudad con sus humos y sus penurias, no es más que la tierra yerma o baldía, el páramo o el erial de la juventud, y lo dice Pete Townshend, que, en esta parte de la canción, ha quitado del micrófono a Roger Daltrey: no llores (*don't cry*), no me mires así (*don't rise your eye*), esto es sólo un páramo adolescente (*it's only teenage wasteland*).

Puede ser que, comparada con el bosque de Sherwood, la ciudad parezca un erial, pero es el adjetivo «adolescente» lo que hace ruido en nuestro tiempo, más de medio siglo después, porque el adolescente que en 1971 era una engorrosa larva hoy es el objeto de deseo de los adultos que, a pesar de sus años, quieren ser como él, se desplazan en patinetes, usan ropa idéntica a la de sus hijos, se divierten con videojuegos pueriles y se prodigan en las redes como los jóvenes que ya no son. Quizá lo que hizo Pete Townshend en esta canción fue un vaticinio y son los adultos con ínfulas de adolescente los que han convertido las ciudades en una *teenage wasteland*. Quien quiera convertirse en adulto tendrá que dejar el patinete, los *shorts* de *boy scout* y la camiseta del pajarito Piolín, e irse al campo a trabajar la tierra y a lidiar con las fuerzas de la naturaleza.

«SUZANNE»
Leonard Cohen
Songs of Leonard Cohen
1967

Tocar el cuerpo de alguien con el pensamiento: un verdadero desafío en esta era de la corrección política, porque se trata de un abuso que queda fuera del radar. Leonard Cohen nos regaló esta imagen en su canción «Suzanne»: ella ofrece té y naranjas que vienen de China, en su casa que está cerca del río (*her place near the river*), mientras él toca, con el pensamiento, su cuerpo perfecto (*touched her perfect body with your mind*).

«Tocar con el pensamiento y pensar con el cuerpo», propone Octavio Paz en su libro *Corriente alterna*, y reviste así la idea de Cohen, que toca a Suzanne con el pensamiento precisamente porque, mientras bebe el té de China, está pensando con el cuerpo. O quizá es que el deseo es el pensamiento que se incendia.

Sólo puede tocarse un cuerpo con el permiso de quien lo habita, de otra forma incurriremos en un delito sexual. Pero, al tocarlo con el pensamiento, como hace el personaje que desea a Suzanne, nos desplazamos fuera del código penal para integrarnos en la contemplación que, como nos enseña san Juan de la Cruz, ha de ser «oscura, secreta, amorosa». Tocar el cuerpo de Suzanne con el pensamiento es, precisamente, un acto oscuro, secreto y amoroso. Con el acento en lo amoroso, me parece, pues lo oscuro y lo secreto ya van incluidos en la bóveda craneana.

Estoy proponiendo a Suzanne como un arquetipo, pero cada cual sabrá a quién toca o quiere tocar con el pensamiento. Rehuir eso es imposible, todos tenemos ese tacto y repudiarlo sería tanto como acallar el temblor místico que se siente cuando estamos en medio de un bosque o frente a un horizonte vasto e inacabable.

San Juan de la Cruz nos presenta, en su inquietante *Cántico espiritual*, el tránsito de los «arrabales del sentido» a la «música callada y soledad sonora», que bien podría ser el mismo que hay entre tocar con la mano o hacerlo con el pensamiento. Sin soslayar, desde luego, la delicia de los arrabales del sentido.

Pero tocar con el pensamiento no es lo mismo que imaginar; se imagina en la oscuridad de la bóveda y, en cambio, quien toca con el pensamiento establece un vínculo físico, un hilo de luz, una descarga eléctrica que va de sus ojos al cuerpo perfecto de Suzanne.

Cuando la canción «Suzanne», junto con las otras canciones del disco, se convirtió en un éxito, Leonard Cohen entró en una zona oscura, perdió el alma en un banco de niebla y, en octubre de 1973, decidió liquidar su carrera de músico. Vivía en Hidra, la isla griega, mientras escribía su novela *Beautiful Losers*, a fuerza de ácidos, *speed* y *quaaludes*. Esto lo cuenta Matti Friedman en su libro *Who by Fire*.

Para conjurar su despedida, Cohen hizo un viaje a Israel, fue a cantar para los soldados que peleaban en la guerra de Yom Kipur; quería purgar sus excesos de estrella de rock, buscaba curarse de las vanidades de su profesión de cantante.

Aquello fue una especie de exorcismo que, lejos de consolidar su retiro, lo llevó a grabar el fabuloso álbum *New Skin for the Old Ceremony*. Un exorcismo de verdad, con el que quería desmarcarse de la desasosegante payasada del «Give Peace a Chance», de John Lennon y Yoko Ono, que pretendían salvar al mundo en pijama, metidos en la cama de una suite del hotel Queen Elizabeth, en Montreal.

De aquella sufrida gira en el desierto del Sinaí no queda ninguna grabación, sólo unas cuantas fotos en blanco y negro en las que se le ve cantando a grito pelado, ante un grupo de soldados apáticos, sus éxitos de entonces, «Bird on the wire» y «Suzanne», que era muy conocida en Israel por la versión en hebreo de Gidi Koren, un cantante que era en realidad médico y que, en esos días, salvaba heridos en un hospital de campaña mientras Cohen, su ídolo, cantaba «Suzanne» fuera de la tienda, a unos cuantos metros de la camilla en la que practicaba una trabajosa operación. Así Cohen cantó durante semanas en el desierto, esquivando los bombazos egipcios, durmiendo en el suelo y comiendo la ración de los soldados. No hablaba hebreo y la mayoría de los soldados no entendía el inglés, pero en aquel exorcismo operaba la noción de T. S. Eliot: la poesía comunica aun cuando no se entiendan las palabras.

Ahí en el desierto retuvo Cohen un verso de la plegaria *Unetaneh Tokef*, el verso que decía, y que haría mundialmente célebre, *who by water and who by fire*. También escribió un hechizo para proteger a sus hermanos israelíes, un escudo contra sus enemigos (*may it be a shield for you*), que fue el fundamento de su canción «Lover Lover Lover».

Al final de la gira se fue a un hotel en Tel Aviv y, ya con el exorcismo hecho y sus demonios de vuelta en el redil, anotó en su cuaderno: «Una cama, una mesa, una silla, quizá podría volver a ser poeta».

«ONCE IN A LIFETIME»
Talking Heads
Remain in Light
1980

Puede ser que algún día te encuentres viviendo en una modesta casucha, o en la otra punta del mundo, o detrás del volante de un automóvil fabuloso. Así empieza la canción «Once in a Lifetime» (Una vez en la vida), de los Talking Heads.

David Byrne, el cantante, se pone a enumerar, de manera vaga y ajustándose notoriamente a la métrica de la letra, los posibles destinos de una vida cualquiera, pero partiendo del punto cero, económico y social, que sería la casucha, la *shotgun shack*. Esta es la expresión en inglés que define, de manera inequívoca, el habitáculo. La *shotgun shack* es una casita humilde, propia del sur de Estados Unidos y específicamente de la comunidad afroamericana; se llama así, «casucha escopeta», porque se trata de una vivienda angosta y larga, con las habitaciones de un lado y otro del pasillo, en la que, si se dispara un arma de fuego desde la puerta delantera, la munición saldrá limpiamente por la puerta de atrás. Lo de terminar viviendo en una casucha, o en otra parte del mundo, o siendo el propietario de un automóvil fabuloso, son posibilidades aleatorias que nos preparan para los siguientes versos, específicamente uno que, de entrada, contrarresta la maldición de la *shotgun shack*: «Y podrías encontrarte en una casa preciosa». Y enseguida otro que añade esplendor al cuadro: «con una esposa bellísima». Y luego una pregunta que nos instala de lleno en lo socrático: «Y podrías preguntarte: bueno, ¿cómo he llegado hasta aquí?» (*And you may ask yourself, «Well, how did I get here?»*).

La pregunta, además de vertiginosa, es pertinente; hacérsela implica una revisión de los eslabones de la cadena que lo han llevado a estar en esa casa con esa mujer bellísima; es decir, Byrne se pone a examinar su vida, al hilo de la idea de que «una vida sin examen no merece ser vivida», dice Platón que dijo Sócrates. También es cierto que, aun cuando pongamos nuestra vida a examen, siempre podemos experimentar un momento de asombro como el que nos cuenta la canción; «¿cómo he llegado hasta aquí?», puede preguntarse quien de pronto se contempla dentro de esa escena de la que ha olvidado los elementos que lo han conducido ahí. Las acciones modestas, los pequeños movimientos, los avances y los repliegues, el azar en un momento determinado, la confluencia de dos situaciones, el estado emocional a la hora del acontecimiento o la simple inercia; no es normal tener esto presente todo el tiempo, por eso al cantante le asombra verse en medio de la escena completa, como cuando uno se asombra al ver lo que han crecido los hijos, o lo que ha envejecido cuando se mira en el espejo. ¿Cómo es que ha pasado tanto tiempo?

Este asombro sería la evidencia de que normalmente se examina la vida de manera parcial, con frecuencia después de que ha pasado el acontecimiento; si nos pusiéramos a examinar cada instante vivido terminaríamos volviéndonos locos. Sobre el porcentaje de azar que hay en la situación del individuo que, sin saber muy bien cómo, se asombra de que está en esa casa tan hermosa con esa esposa bellísima, más vale ni analizarlo, quizá contemplarlo a lo lejos, sin comprometernos mucho, porque el azar no depende de nosotros, está fuera de nuestro control y a veces, incluso, de nuestra comprensión: *How did I get here?*, se pregunta el asombrado cantante de los Talking Heads.

En los siguientes versos de la canción, la melodía de Sócrates deja paso a la de Heráclito. Este golpe filosófico de timón obedece al intento que hace el protagonista por adecuarse a esa realidad que acaba de contarnos, y lo que mejor le viene es abandonarse a la corriente de los días que pasan, es decir, al tiempo: *Letting the days go by, let the water hold me down*. Más vale fluir con la corriente, reflexiona iluminado por ese precepto del *Tao te King*, de Lao Tse, que dice: «quien lo retiene, lo pierde». Porque la vida es un continuo fluir y, de acuerdo con las ideas del sabio chino, todos los problemas comienzan con una obstrucción, con la interrupción de ese fluir que genera una inflamación y altera el sistema.

Y aquí ya estamos instalados en Heráclito, porque el personaje de la canción, en cuanto se abandona a la corriente del tiempo, en lugar de obstruirla con su asombro (*How did I get here?*), deja que el sistema fluya y que transcurra la vida como lo hace habitualmente, con sus claros y sus sombras, con sus palos y sus zanahorias. «Lo opuesto es bueno para nosotros», dice Heráclito para hacernos ver que lo contrario y lo coincidente son parte indisociable del mismo flujo. La prueba es que cuando nuestro personaje decide abandonarse a la corriente de los días se encuentra, con el mismo asombro, en la situación contraria: *Into the blue again, after the money's gone*; de repente, otra vez sin dinero, el personaje ha sufrido un revés económico, se ha quedado sin empleo o ha perdido su fortuna, su suerte ha cambiado junto con los versos que nos está cantando, y entonces se pregunta: ¿dónde está mi fabuloso automóvil? Y se queja, *this is not my beautiful house*, esta no es mi hermosa casa, puesto que se ve viviendo en la *shotgun shack* con la que empieza la canción, y todavía no sale de su asombro cuando lamenta, al borde de la desesperación, que esa mujer que lo acompaña no es su bellísima esposa, *this is not my beautiful wife*.

La ruina del cantante de los Talking Heads, como puede verse, es considerable, ha regresado a vivir a la chabola, con un coche ordinario y una esposa cuya presencia no hace sino reiterarle la belleza de su ex.

Esta canción sería altamente depresiva si no fuera por el tiempo que pasa, por el agua que pone todo a circular y que nos indica que este hombre, eventualmente, saldrá del agujero, como ya lo hizo al principio de la historia.

La canción sigue avanzando, movida por el asombro del cantante y anclada a su vaivén vital por un verso machacón que se repite todo el tiempo, *same as it ever was*, la vida es como siempre ha sido, una suma farragosa de triunfos y derrotas.

En los *Fragmentos* de Heráclito encontramos la ruta que siguió para enseñarnos, hace dos mil quinientos años, lo que Aristóteles, fundamentado en las ideas de su antecesor, sentenció así: «Nada es constante». Efectivamente, nada lo es, pero su sentencia nos escatima la parte hidrográfica de la idea de Heráclito, que es precisamente la que nos interesa porque es la fuerza que pone en movimiento la canción o, para decirlo propiamente, es la que la pone a navegar.

«Para los que entran en los mismos ríos, distintas y siempre distintas son las aguas que corren»; este es uno de los fragmentos del filósofo, que se afina en otra versión que aparece más adelante: «entramos y no entramos, estamos y no estamos en los mismos ríos». Y la última versión, que es, por su claridad, la que mejor ha resistido el paso del tiempo: «No podemos bañarnos dos veces en el mismo río».

La canción de los Talking Heads se articula sobre esta idea, la del movimiento continuo que hace que todo cambie todo el tiempo, incluso la esposa que, mirando el lamento del cantante con perspectiva, quizá es la misma pero modificada por el paso del tiempo, ha envejecido, es la misma y al mismo tiempo no lo es, como le pasaría a él si se mirara objetivamente en el espejo: este no soy yo, lamentaría.

En el sistema hidráulico de la canción aparece este verso que tiene una dimensión alquímica: *water dissolving and water removing*, el agua que disuelve y el agua que elimina lo que ha disuelto. Así queda preparado el ciclo para volver a empezar, un nuevo ciclo vital, en la *shotgun shack*.

Platón hizo una suma de la idea heraclitiana que viene muy al caso con el vaivén de esta canción: «Nada es nunca, todo está haciéndose».

«LOVE HER MADLY»
The Doors
L. A. Woman
1971

«Ámala locamente», así se tradujo al español «Love Her Madly», la canción de los Doors. La traducción del título es muy afortunada, se respeta la voluptuosidad de la letra «l», y la cadencia interior tiende, en ambas lenguas, a lo descocado. Todo muy coherente, pues la canción nos cuenta no una historia, sino una estampa voluptuosa y descocada donde nunca se sabe si el que canta es un masoquista o un esteta.

La estampa: una mujer, parece que bellísima, va caminando por la casa y el que canta, que es Jim Morrison en uno de sus mejores momentos, te pregunta, a ti que estás escuchando la canción, que si la amas locamente (*don't ya love her madly?*), porque él sí lo está haciendo, y que si la necesitas, como él, hasta la desesperación (*don't ya need her badly?*). Luego insiste y pregunta si amas su forma de actuar y de relacionarse con el espacio, su saber estar, vamos (*don't ya love her ways?*). Y después sigue preguntando que si no te gustaría ser su papacito rico (*wanna be her daddy?*) y que si no amas su rostro (*don't ya love her face?*), y ya que ha conseguido que la amemos locamente, nos pregunta que si no amamos la forma en que se larga de la casa, como ya lo ha hecho otras mil veces (*like she did one thousand times before*).

Mil veces son, más o menos, tres años de estarse largando continuamente, tres años de verla pasar, con todos sus atributos, sin interaccionar con ella y, sin embargo, amándola locamente. ¿Qué es lo que el cantante ama tanto en esta mujer que se va siempre? Quizá eso, que se va y que, al parecer, siempre vuelve.

Cada pareja tiene su método de supervivencia, y a lo mejor esa es la forma en la que han conseguido vivir juntos. En este punto la canción se nos convierte en una metáfora que cada quien tendrá que identificar. En esta relación en fuga, en tránsito permanente, opera una dinámica en la que un instante es capaz de llenar veinticuatro horas de memoria enamorada. El cantante soporta la convivencia fugaz con tal de verla, y de ser, durante los segundos que dura la huida, su papacito rico y también su perro, que la esperará en la puerta, amándola locamente en su cabeza, hasta que tenga a bien volver a huir.

Escanea el QR y escucha la *playlist*
con la banda sonora de este libro.